VUES

D'UN PARISIEN,

SUR LES MOYENS

DE RECRÉER UN ESPRIT DE CITÉ.

CET OUVRAGE SE TROUVE AUSSI AU DÉPÔT DE MA LIBRAIRIE,
Palais-Royal; galeries de bois, n°s 265 et 266.

VUES D'UN PARISIEN,

SUR LES MOYENS

DE RECRÉER UN ESPRIT DE CITÉ,

TANT DANS LA CAPITALE

QUE DANS LES AUTRES GRANDES VILLES DU ROYAUME.

Civitas non domibus sed civibus constat.
Cic., De Legibus.

A PARIS,

CHEZ J. G. DENTU, IMPRIMEUR-LIBRAIRE,

RUE DES PETITS-AUGUSTINS, N° 5.

———

M D CCC XXV.

VUES

D'UN PARISIEN,

SUR LES MOYENS

DE RECRÉER UN ESPRIT DE CITÉ (1).

Ce que c'est que l'esprit de cité.

L'esprit de cité est un esprit de grande famille, un patriotisme local fondé sur un intérêt commun, permanent, héréditaire.

Cet esprit existe dans les capitales des États où le peuple prend part au gouvernement par ses représentans, tels que Londres, Amsterdam, Genève, Hambourg, Philadelphie ; le germe s'en fait apercevoir dans nos villes manufacturières ou maritimes, en ce qui con-

------

(1) L'auteur est Parisien et septuagénaire : quoique par son âge et par sa position *il* soit à l'abri de tout soupçon d'intérêt personnel, il garde l'anonyme ; mais approchant du terme de sa carrière, il lègue quelques idées à quiconque *les* croira utiles.

cerne les intérêts communs de la fabrique ou du commerce, Rouen, Lille, Lyon, Bordeaux, Marseille. Smith (1) l'exclut des villes où résident les cours; il cite Versailles, Fontainebleau, Vienne.

Sans remonter aux premiers temps de la monarchie, et aux municipes que les Francs trouvèrent établis dans les Gaules, mais que le gouvernement féodal détruisit, cet esprit de cité, presque inconnu aujourd'hui, s'est quelquefois ranimé dans les temps modernes; mais il se dirigeait vers un but étranger à l'utilité commune. Tels étaient des fêtes stériles, de fausses réjouissances, des embellissemens inutiles, des monumens de vanité ou d'adulation; et si nous lui devons de vraies améliorations, c'est qu'elles étaient commandées par le besoin.

Cependant, comme les maisons ne sont que la ville, et que ce sont les citoyens qui font la cité, c'est vers le bonheur de ces derniers que doit se diriger le gouvernement municipal. Pour cela, il faut que tous les habitans soient animés d'un même esprit, qui fasse regarder la chose de tous comme la chose de

____

(1) *Richesse des nations*, tome III.

chacun, qui forme en quelque sorte une personne publique par l'union de toutes les autres. »

Pourquoi cet esprit n'existe pas.

Pourquoi cet esprit n'existe-t-il pas surtout à Paris? ou s'il en existe quelque faible sentiment, pourquoi existe-t-il en proportion inverse de sa population?

C'est ce que je vais essayer de découvrir ; et pour y parvenir, il convient de remonter aux causes de l'accroissement prodigieux de cette capitale, et d'analyser ensuite les élémens confus qui composent l'aggrégation de ses habitans.

Causes de l'agrandissement de Paris.

1° Depuis que les rois de la troisième dynastie, en fixant leur résidence habituelle à Paris, en eurent fait la principale ville de leurs domaines, Paris s'étendit en raison des progrès de la puissance royale. Les grands vassaux que la politique des rois et leurs propres intérêts attirèrent à la cour, furent suivis par leurs domestiques et même par leurs arrière-vassaux, qui s'y établirent aussi, dans l'espoir qu'une partie des faveurs que leurs suzerains obtiendraient rejaillirait sur eux-mêmes.

C'est surtout sous le ministère du cardinal de Richelieu, que l'on vit les grands seigneurs châtelains déserter leurs donjons, les prélats leurs diocèses, pour fixer leur résidence à Paris, près la source des grâces. On laissa tomber les châteaux en ruines, on bâtit des hôtels dans les faubourgs de la cité. Il y eut ensuite, sous le long règne de Louis XIV, de véritables émigrations des provinces dans la capitale.

2° Les priviléges accordés par les rois aux habitans de Paris, tels que l'exemption de taille, de milice, de corvée, attirèrent encore dans la capitale une foule d'individus qui vinrent s'y établir pour se soustraire aux vexations des gens d'armes pendant les guerres qui désolèrent la France.

3° L'étendue du ressort du Parlement de Paris, et l'attribution de juridiction attachée aux actes passés devant les notaires du Châtelet, en évoquant aux différentes Chambres dont cette Cour était composée, la moitié des procès du royaume, multiplia dans la capitale les juges, les avocats, les procureurs, et toutes les professions qui tiennent aux Cours de justice. Cette étendue de juridiction donna au

9

Parlement de Paris un ascendant qui, depuis Philippe-Auguste, fut favorable à la puissance royale, mais qui finit, faute de justes bornes, par devenir funeste à l'une et à l'autre.

4° Les fermiers-généraux ont encore beaucoup contribué à l'agrandissement de Paris; car à chaque renouvellement de bail, ces compagnies obtenaient, moyennant une augmentation de finance, que les barrières fussent reculées, et comprenaient dans la nouvelle enceinte toutes les maisons que des particuliers, pour n'être pas sujets aux droits d'entrée, avaient bâties dans les faubourgs, hors des anciennes limites.

5° Ces premières causes, en attirant les capitaux et les arts, en ont engendré une foule d'autres dont l'imagination ne saurait suivre la multiplicité. Telles sont les professions nécessaires, tant aux besoins qu'aux aisances de la vie; les différentes branches de luxe qui concourent à satisfaire les goûts variés d'un grand nombre d'hommes réunis; l'affluence des gens industrieux qui accourent là où ils espèrent employer utilement leurs talens; celle des artisans dans tous les genres, et même des hommes de peine, qui trouvent un salaire plus élevé du travail de leurs bras où il y a plus de demande ; le mélange des fripons, qui viennent, en se cachant dans la foule, exercer impunément une coupable industrie ; enfin, la multitude d'agens nécessaires pour veiller à la sûreté de tous, et pour maintenir l'ordre au milieu de tant d'intérêts et de passions qui tendent à le troubler.

Cependant, cette population va toujours en croissant, parce que Paris est toujours le siége du gouvernement, la résidence de la cour, le centre des capitaux, des arts et des plaisirs, et cet accroissement doit faire d'autant plus de progrès,

1° Que la France n'a pas assez de colonies pour absorber l'excès de sa population ;

2° Qu'il n'y a plus de couvens, et que l'esprit du siècle ne tend plus à leur rétablissement ;

3° Que l'usage de la vaccine préserve les enfans d'un fléau qui en enlevait autrefois un huitième ;

4° Que, grâces à l'assainissement de la ville et à l'amélioration du régime intérieur des hôpitaux, la mortalité est moindre qu'avant la révolution ;

5° Que la rareté du numéraire dans les départemens, comparée à l'abondance de celui qui circule dans la capitale, y attire tous ceux qui ont quelque industrie à faire valoir.

Toutes ces causes, tant anciennes que nouvelles, ont élevé la population de Paris, suivant le recensement fait en 1817, à 713,966, et depuis cette époque, la population n'ayant point cessé d'augmenter, l'on peut, sans craindre d'exagérer, la porter à 800,000.

Actuellement, et pour suivre le but principal de ces observations, il faut considérer que sur ce nombre d'habitans il y en a au plus un cinquième né à Paris ; que ce cinquième parisien, environné d'étrangers, se trouve presque étranger lui-même dans sa propre ville ; que ces étrangers viennent le priver des ressources qui semblent légitimement lui appartenir, et souvent même du travail le plus fructueux. Et qu'on s'étonne, après cela, que le Parisien-né n'ait point d'esprit de cité, lorsqu'il n'a pas de cité lui-même ! En effet, l'étranger est appelé de son département à Paris, ou par des parens ou des amis qui l'y ont précédé ; l'un lui offre de l'intéresser dans un établissement en activité ; l'autre, d'en traiter avec lui. Combien de ministres, sur les cent soixante-deux qui se sont succédés depuis 1789, ont usé de leur pouvoir pour attirer auprès d'eux leurs parens ou leurs alliés, en leur donnant les emplois dont ils pouvaient disposer ! La nouvelle d'une fortune faite à Paris par un villageois, en fait accourir dix autres du même hameau ; et au milieu de tous ces parens ou alliés les uns des autres, de tous ces idiômes mêlés qui, entre les gens du même pays, sont un principe de liaison, le Parisien est confondu, isolé, et a le chagrin de voir les emplois, même de sa commune, envahis par des individus qui souvent n'ont pas même eu la peine de les solliciter en personne, ou de les mériter par le service du surnumérariat.

Et vous voulez qu'il ait un esprit de cité ! cité à laquelle aucun lien ne l'attache, où sa condition est même pire que si le hasard l'avait jeté partout ailleurs sur la terre. Toutes nos affections tiennent de près ou de loin à l'intérêt personnel : or, je ne sache pas quel autre avantage résulte pour un Parisien d'être né dans la capitale du monde civilisé, si ce n'est, quand il est pauvre, de pouvoir mourir dans quelqu'un de ses hôpitaux.

Rome donnait bien d'autres priviléges à ses citoyens : le plus malheureux d'entre eux y jouissait de plus de droits et d'honneurs que les rois mêmes alliés de la république. Mais lorsque, sous les empereurs, elle fut peuplée de Gaulois, de Grecs, de Daces; que le trône impérial et les grandes dignités furent à l'encan; que les places furent le prix de l'intrigue ou de l'audace, Rome perdit cet esprit de cité qui l'avait rendue invincible tant qu'elle n'avait été habitée que par des Romains, et vit des Barbares s'établir sur ce capitole qu'une poignée de jeunes braves avait jadis sauvé.

Et notre vieille Gaule elle-même, lorsqu'elle fut envahie au cinquième siècle par Attila? les moines, seuls historiens de ces temps de barbarie, nous le représentent bien comme le fléau de Dieu, comme un chef de brigands. Mais quels motifs l'avaient attiré des bords du Wolga jusqu'à Méry-sur-Seine? Ce n'était plus cette Gaule qui avait tenu tête pendant dix ans à César : des étrangers l'avaient partagée entre eux, Romains, Francs, Bourguignons, Allemands; et si l'intérêt commun ne les eût pas réunis, le droit du plus fort, représenté par quatre cent mille Tartares, eût légitimé cette nouvelle invasion. Que les temps passés nous instruisent sur ceux à venir! Le Nord enfantera toujours des hordes prêtes à envahir des climats plus doux que ceux qu'elles habitent, surtout lorsqu'elles ont une fois goûté des productions de notre industrie et des jouissances de notre luxe; hordes d'autant plus redoutables, que leur instinct sauvage est guidé par des chefs plus civilisés.

Mais, dira-t-on, le manque d'affection des Parisiens pour leur cité est compensé par l'attachement des étrangers qui viennent y fixer leur demeure, et la patrie n'y perd rien. Erreur! le Gascon, le Normand, l'Auvergnat, le Breton, restent toujours, quoique habitans de la même rue, de la même maison, étrangers l'un à l'autre; dans la foule qui se presse par étages, chacun s'isole et ne voit que soi; séparé par une cloison, par un plancher, on est plus étranger à son voisin que si l'on était à la campagne, à deux lieues de distance, dans le même canton; le patriotisme ne réunit que des hommes qui ont entre eux des liens de famille, de communauté, de mœurs, d'idiômes, comme l'étincelle électrique ne se fait sentir qu'à ceux qui se touchent.

Effets de l'absence de l'esprit de cité.

C'est ce défaut d'esprit de cité qui fait, de la masse des habitans de Paris, une masse non seulement inerte par elle-même, mais qui, recevant facilement une impulsion étrangère, devient même dangereuse. »

Paris étant une ville ouverte à tous les intrigans, à tous les hommes perdus dans leur propre pays, on les a vus, au premier signal de la révolution, accourir de leurs départemens au pillage des places et de l'argent. Quelle funeste influence exerça, à différentes époques si désastreuses, cette population mise en mouvement par les divers partis ! De quel pays étaient ces hommes composant l'horrible commune qui domina la représentation nationale et la France entière ? Plusieurs même n'étaient pas Français.

Certes, si les magistratures de la cité eussent été occupées par des hommes appartenant aux familles respectables de Paris, leur influence eût contenu, dès les premiers momens d'effervescence, cette multitude dont les agitateurs ne cherchaient que le trouble et le désordre; si la garde nationale eût été tellement constituée, que les armes n'eussent été qu'entre les mains des seuls vrais Parisiens, des étrangers soudoyés ne seraient pas venus commettre les atrocités qui ont donné lieu à tant de calomnies contre la capitale.

Je crois avoir suffisamment démontré qu'il n'existe pas à Paris d'esprit de cité, parce que, dans l'état actuel de la société, il n'en saurait exister. Je vais à présent essayer d'indiquer les moyens d'en créer un solide, permanent, à l'abri des agitations politiques ou capable d'y résister, et qui, loin d'être dirigé par des influences étrangères, se dirigerait nécessairement, et par sa nature, dans les intérêts du gouvernement.

Moyens de recréer l'esprit de cité dans la haute classe des habitans.

Le département de la Seine offre plus que tout autre département du royaume, outre un grand nombre de fonctions dignes de toutes les ambitions, une foule d'emplois analogues à tous les genres de talent ou de capacité.

Or, les emplois d'une commune (j'entends les emplois seulement qui sont payés par elle) sont une espèce de propriété qui appartient à ses habitans, tant qu'il s'y en trouve en état de les remplir.

Je ne parle pas des hautes administrations, dont le siége principal est à Paris, telles que les ministères des relations extérieures, de la justice, de l'intérieur, de la guerre, de la marine, des finances, la trésorerie, la chambre des comptes, les douanes, les droits-réunis, les postes, les loteries, les domaines, l'enregistrement, le timbre, les eaux et forêts, les canaux, les ponts et chaussées, la banque, la légion-d'honneur, les poudres et salpêtres, les monnaies, etc.

Ces administrations appartiennent à la France entière. Cependant, comme Paris forme à peu près le trente-cinquième de la population du royaume, et au moins le dixième de la population capable, par son instruction, de gérer des emplois, les Parisiens aussi ont droit à une part proportionnelle dans les places subalternes de ces ministères. Or, y a-t-il dans les bureaux de ces administrations un Parisien sur dix employés? c'est ce dont on peut au moins douter.

Mais la ville de Paris renferme un grand nombre d'administrations locales qui appartiennent spécialement à la commune, et qui sont payées par les habitans ; telles sont :

La préfecture du département et les nombreuses divisions qui en dépendent,

Les mairies et les bureaux de l'état-civil,

La préfecture de police et toutes ses branches,

La grande et la petite voirie,

Le mont-de-piété et ses succursales,

Les hôpitaux et hospices,

Les prisons et maisons d'arrêt, de correction et de détention,

Les villes de Bicêtre et de la Salpêtrière,

Les quais, les ports et la navigation,

Les chantiers de bois à brûler,

Les abattoirs,

Les halles et les marchés, les entrepôts et magasins,

Les contributions directes et indirectes, leur répartition, confection des rôles, contrôle, perception, réclamation, etc.,

Les contrôles de matières d'or et d'argent,

Les distributions de papier timbré,

Les bureaux d'hypothèque,

Les consignations,

Les justices de paix et leurs greffes,

Les commissariats de police,

Les bureaux de loteries,

Les jeux,

Les théâtres,

La petite poste,

Les bibliothèques,

Les musées,

Les jardins; les bâtimens publics, le pavage, l'éclairage, etc.

Certes, les royaumes de Suède ou de Sardaigne n'occupent pas un aussi grand nombre d'employés dans leurs administrations.

Or, comme d'après un principe incontestable, ce ne sont que des Français qui ont droit à remplir ces places, pourquoi, par une extension naturelle de ce même principe, ne serait-ce pas plutôt des Français nés dans le sein de la commune, et dont les pères, pendant qu'ils donnent à leurs enfans une éducation propre à remplir ces emplois, les paient depuis vingt ans ou plus par des contributions personnelles ?

Nul doute alors que cette indifférence pour leur propre pays, dans laquelle semblent vivre et mourir les habitans de la capitale, même de la première classe, ne se changeât en un attachement fixe, permanent, héréditaire, et capable de produire les meilleurs effets moraux et politiques.

Quoique les exemples que nous ont laissés nos ancêtres ne soient pas tous bons à imiter, à cause des changemens que les temps ont amenés dans l'état social, cependant nous voyons que leurs institutions concouraient à faire naître ou à entretenir cet esprit de cité si favorable à la prospérité des grandes villes.

Avant l'organisation municipale décrétée par l'Assemblée constituante, qui attribuait aux administrés le choix de leurs administrateurs, c'était du sein des cités que, soit par la faveur des ordonnances, soit par l'autorité des usages ou priviléges, sortaient les magistrats qui, sous diverses dénominations de *prévôts des marchands*, d'*échevins*, de *capitouls*, de *jurats*, de *consuls*, etc., étaient appelés aux administrations locales; c'était alors pour les familles un grand point d'émulation de se rendre recommandables dans les différentes professions, afin de mériter d'être élevées aux dignités de la cité, à ces dignités qui ont autrefois honoré les Cochin, les Roland, les Quatremère, etc.

Si nous voulons même remonter plus haut dans notre histoire, lorsque, par l'établissement des communes, le pouvoir royal s'est affranchi des aristocraties féodales qui le dominaient, était-ce à des étrangers que les communes confiaient leurs magistratures ou leurs emplois?

Actuellement même, qu'un Parisien, forcé, faute d'emploi, de s'expatrier, se présente à Rouen, à Lyon, pour solliciter une place qu'il apprend être vacante, on lui répond que la ville ne manque pas de sujets propres à la remplir, et que la préférence leur est due.

Pourquoi donc, possesseur aussi des mêmes droits, le Parisien se voit-il exclu, par le fait, des emplois de sa propre commune? C'est que ce droit n'étant consacré par aucun règlement, devient celui de l'étranger, dont les heureuses liaisons suppléent à tout ce qui peut lui manquer. Espérons qu'à mesure que toutes les légitimités s'affermissent, les chefs des administrations auront égard, tant dans l'intérêt de la cité que dans celui de leurs propres enfans, à un droit aussi incontestable.

Moyens d'inspirer cet esprit aux habitans même des classes inférieures.

Pour donner à une grande ville un esprit de cité, il ne suffit pas que la haute classe de ses habitans y trouve les moyens, soit de se faire honorer, soit d'utiliser ses talens ; il faut encore que les citoyens des classes inférieures, condamnés par leur destinée à la peine et au travail, ne se voient pas enlever par des étrangers les moyens légitimes de subsister. Or, il est de fait que, malgré toute la vigilance de la police, il afflue à Paris de tous les départemens une multitude d'individus des deux sexes, qui viennent y exercer une industrie funeste à celle que pourraient y exercer les Parisiens eux-mêmes, s'ils n'étaient pas supplantés par des étrangers : tels sont ces marchands ambulans de friperie, mercerie, basse-bijouterie, bonneterie, faïence, ferblanterie, brosserie, et, en portant la vue un peu au-dessus des étalagistes, tous ces prétendus agens d'affaires dont il serait bien à désirer que la police exigeât une garantie, ces soi-disant hommes de loi, écrivains, bureaux de confiance, etc.

Je suis loin de faire entrer dans mon calcul ces laborieux artisans qui viennent à des saisons marquées travailler, soit à réparer nos maisons, soit à en construire de nouvelles; le nombre de ces ouvriers se règle généralement sur les besoins des entrepreneurs, ou, dans les arts et métiers, sur les indications données par les syndics.

Je ne parle ici que des gens qui, après

avoir mené une mauvaise conduite dans leur commune, obtiennent un passeport d'autant plus facilement, qu'on désire se débarrasser d'eux; d'autres qui, avec un petit capital qu'ils ont réalisé aux dépens, soit de leurs créanciers, soit de leur patrimoine ou de celui de leurs enfans, viennent souvent consommer leur ruine à Paris. Je parle de tous ces musiciens, opérateurs, joueurs d'orgues, joueurs de gobelets, acteurs sur tréteaux, tireurs de cartes, porteurs de petites loteries, dont les gains illicites ne sauraient même suffire à leur existence; gens repris de justice, forçats libérés, femmes de mauvaise vie, et des mauvais sujets qui vivent du commerce de leur infamie, qui viennent se réfugier à Paris jusqu'à ce qu'ils en soient chassés et remplacés par d'autres qu'il faut chasser encore. Je parle enfin de ces êtres, devenus nécessaires par la multiplication des premiers, qui sont voués au service de la police, et qui, bien qu'employés à surveiller les autres, ont besoin d'être surveillés eux-mêmes.

On dira que c'est là un de ces maux inséparables d'une vieille civilisation, et communs à toutes les capitales de l'Europe. Je réponds que c'est aussi dans les villes populeuses que les maladies contagieuses exercent le plus de ravage. Cependant, toutes les nations policées parviennent à s'en garantir par l'exécution rigoureuse des règlemens sanitaires. Pourquoi, lorsqu'il s'agit de maladies morales qui infectent le corps social, qui deviennent la source de délits et de crimes, ne les préviendrait-on pas comme on prévient les maladies pestilentielles ?

Ce sont cependant les étrangers, ces rebuts des départemens, qui peuplent en grande partie les prisons de 3000 individus, et de 25,000 (1) Bicêtre, la Salpêtrière, Saint-Lazare, les hôpitaux et les Enfans-Trouvés; qui enfin, lorsque l'âge où les infirmités ne leur permettent plus de gagner leur subsistance, portent le nombre des indigens à 80,000 et même plus dans les années de disette, telle que l'année 1816, où leur nombre s'est élevé à 135,000 (2).

Il faudrait sans doute beaucoup de temps et de persévérance pour exécuter un plan tellement combiné que les classes inférieures trou-

---

(1) Compte rendu par l'administration des hospices, exercice 1817.

(2) Même rapport.

vassent, d'une part, dans le salaire de la peine des hommes ; de l'autre, dans les petits trafics auxquels les femmes seraient autorisées à se livrer, les moyens de subsistance qui leur sont enlevés par des étrangers. Un semblable projet ne peut être exécuté que progressivement, et par des mesures suivies ; mais il est possible de mettre le pauvre dans un tel état d'aisance, qu'il puisse subvenir à ses besoins, et pourvoir même, par des économies journalières, à ceux de sa vieillesse. Quel attachement ne devrait-on pas espérer d'un peuple qui sentirait qu'on le rend aussi heureux qu'il peut l'être ! Que la cité se montre donc la mère commune de tous les enfans nés dans son sein. Alors les avantages dont ils jouiront dans leur pays le leur rendront cher.

En me résumant, je propose en principe, sauf les modifications exigées par les localités :

1° Que dans toutes les villes de premier et de deuxième ordre, le gouvernement ne nomme aux charges municipales, à mesure qu'elles vaqueront, que des Français nés et domiciliés dans ces villes, ou qui y auront résidé pendant vingt ans ;

2° Que les mêmes conditions soient requises

pour être promu aux emplois des communes qui sont à la nomination soit des maires, soit des conseils municipaux;

3°. Que les Parisiens aient droit, dans la proportion d'un dixième, aux emplois vacans dans les hautes administrations;

4° Qu'il ne soit accordé à l'avenir aucune permission annuelle d'étalagiste, colporteur, revendeur et ouvrier ambulant; qu'à des Parisiens-nés ou à leurs veuves;

5°. Que pour l'exécution des réglemens existans ou de ceux à intervenir, concernant les étrangers, il soit adjoint aux commissaires de police un nombre suffisant d'habitans, Parisiens eux-mêmes, propriétaires ou principaux locataires, chargés, sous les noms de *quartiniers* ou de *commissaires-adjoints*, de surveiller une partie de l'arrondissement dans leur voisinage, en ce qui regarde les étrangers, leur conduite et leurs moyens d'existence. Leurs fonctions dureront deux ans, pendant lesquels ils seront exempts du service de la garde nationale et des fonctions de juré.

Effets probables des moyens proposés.

1° Attachement des grandes familles à la

cité, par la perspective des dignités adminis-
tratives ;

2° Émulation pour la conception de plans
grands et capables d'élever la ville de Paris au
degré de prospérité auquel sa population, son
industrie, ses capitaux et le génie du siècle
lui donnent le droit de prétendre ;

3° Esprit de suite et de persévérance dans
l'exécution des entreprises ;

4° Emploi d'une jeunesse oisive et quelquefois dissipée, faute d'occupations analogues à
son genre d'éducation ;

5° Amélioration dans les mœurs du peuple ;
moins de misère, moins de débauche et de
dépravation ;

6° Diminution dans le nombre des enfans
naturels ou trouvés ;

7° Diminution dans le nombre des vaga-
bonds, gens de mauvaise vie, et, par suite,
dans les frais de prisons, d'hôpitaux, et dans
les dépenses de police.

PARIS. — IMPRIMERIE DE J. G. DENTU,
rue des Petits-Augustins, n° 5.